luisent les **files** de **luciole**s.
luisent les **fil**
luisent les **files** de **luciole**s.
luisent les **files** de **luciole**s.
luisent les **files** de **luciole**s.
luisent les **files** de **luciole**s.
luisent les **files** de **luciole**s.
luisent les **files** de **luciole**s.
luisent les **files** de **luciole**s.
luisent les **files** de **luciole**s.
luisent les **files** de **luciole**s.
luisent les **files** de **luciole**s.
luisent les **files** de **luciole**s.
luisent les **files** de **luciole**s.
luisent les **files** de **luciole**s.
luisent les **files** de **luciole**s.
luisent les **files** de **luciole**s.
luisent les **files** de **luciole**s.
luisent les **files** de **luciole**s.

Dans la même collection

Des mêmes auteurs :

La vie des mots, l'ami des veaux
(Le premier livre de contrepèteries pour tous)

L'art des mots, l'eau des mares
(Mes premières contrepèteries)

Contrepétines
(Comptines en contrepèteries)

De Jean-Hugues Malineau / Pef :

Dix dodus dindons
(Le trésor des virelangues françaises)

De Jean-Hugues Malineau / Véronique Deiss :

Les charades

De Michel Piquemal et Gérard Moncomble / Fernando Puig-Rosado :

Le dico des mots rigolos

22, rue Huyghens, 75014 Paris
Dépôt légal : premier semestre 2000
N° d'édition : 11752 - ISBN : 2 226 11216 2
Impression et reliure : Pollina s.a., 85400 Luçon - n° 78824

Joël Martin
Contrepoète

Rémy Le Goistre
Illustrateur

DES PRÉNOMS FOUS, FOUS, FOUS

Albin Michel Jeunesse

RÈGLE POUR FAIRE DES CONTREPÈTERIES AVEC TON PRÉNOM

Les prénoms contrepètent en échangeant des lettres (celles qui sont en **gras**) *et ça change leurs sons.*
Les prénoms révèlent ainsi bien des secrets.

Ils échangent des « sons-consonnes » :

__P__aulette __vi__ent quand __Vi__olette __p__eint.
L'âne de __J__oël a l'âge de __N__oël.

Ou bien des « sons-voyelles » :

M__u__riel monte sur sa m__a__lle,
M__a__rielle monte sur sa m__u__le.
J__u__les aime l'Autr__i__che,
G__i__lles aime l'autr__u__che.
__A__riel et __U__lysse jouent avec __U__rielle et __A__lice.

Ou encore des « sons-syllabes » :

Le __dé__ d'Amé__lie__ a roulé sous le __lit__ d'Amé__dée__.
Clo__vis__ est plein de __terre__ et Clo__taire__ est plein de __vices__.

Ou enfin des morceaux de mots ou même des mots entiers :

Christo__phe__ __in__itie et Christ__in__e __of__ficie.
Char__lotte__ cr__ie__ quand Charl__ie__ cr__otte__.

Un prénom peut prêter une lettre ou plusieurs à un autre prénom ou un autre mot :

__M__aud et Aline disent : « Aude est __m__aline ! »
Hugues aime Pau__lette__ et Hug__uette__ aime Paul.
__T__oto est un vrai roux, Otto est un vrai __t__rou.

Des prénoms arrivent à jouer tout seuls :

Odile *a une* **idole**.
Amaury *joue* **au rami** *avec des* **amiraux** *et des* **Maoris**.

Un prénom peut « en cacher un autre » :

Alex *cache* **Axel**.
Nadia *cache* **Diana**.
Cléo *cache* **Chloé**.
Cynthia *cache* **Hyacinthe**.

A

Armand est **marrant**.

Annabelle est banale.

Ac**h**ille est **b**eau, ha**b**ile et **ch**aud.

Arsène habite **Sénart** et **Aliénor** habite, **elle, à Niort**.

Annette est à **Athènes.**

Annette a une grosse pe**rl**e, A**rl**ette a une grosse pei**n**e.

Arthur fait des **ratures**.

Anselme s'en mêle.

Adrien a rien dit.

« Aude est **m**aline ! » disent **M**aud et Aline.

Am**é**lie **ai**me Ali.

Adèle aime **Léda**.

Adèle **b**ine et Abel **d**îne des **denrées** d'**André**,
qu'**Anicet** assainit.

Abel balaie. Adèle l'aida.

Eudes, Aline et **Adeline** aussi **dînent là**.

« Le **bar est là** ! » dit **Abélard** qui **a l'air bas**.

Alain joue **un** la l**ors des galas d'Aglaé**.

Amaury joue **au rami** avec des **amiraux** et des **Maoris**.

Alain est **ex**terne, Al**ex** est **in**terne.

Amanda dit : « **Adam m'a** fait mal **à ma dent** ! »

La mélop**ée** d'Aman**di**ne est une mélo**di**e d'âme en **pei**ne.

La **bonne Adèle** a jeté la **belladone**.

Alcide a jeté **l'acide**. (Attention ! Alc**este** v**ide** ta v**este**, Alc**ide** !)

Aur**ore**, quelle **peste**, **Oreste**, quel **porc** !

Le Martien **Aldebert a deux blairs.**

Aurélie mange du **riz au lait**, elle boit **l'eau et rit**.
Armand aime **Jo**ëlle et **Jo**han aime **Arm**elle.

Alb**in** et Rob**ert** cachent Alb**ert** et Rob**in**.

Je ne savais pas qu'**Antonin** était **autant nain,** ni **Augustin**, un **gus hautain** !

Alex**andre** avait les f**ils** d'Alex**is** à déf**endre**
que **langeait Angèle.**

Le **dé** d'Amé**lie** a roulé sous le **lit** d'Amé**dée**.
Assieds-toi sur ce **banc-là, Alban**.
Anne est docte sur les **anecdotes**.
Al**ice peint** et Al**ain pisse**.
Alice est **salie** : **elle farde Alfred**.

Annie, Rosa visitent l'**Arizona.**

La belle **Armelle** de **Harlem** ouït les **airs mâles** de **l'armée**;
moi, je préfère **la mer** et Bob **Marley**.

Le **n**om d'Afri**q**ue fait plisser le **fr**ont d'An**n**ick
que **gâta Agathe** et **Abdallah balada**.

Et l'ami d'**Amélie a mis l'eau au Mali** où **rôdait Audrey**.

Anat**o**le va **au** Nat**a**l* et **A**d**hém**a**r** à **Madè**re.
All**ons-y**, aussi, Al**ison** !

* Le Natal est un pays d'Afrique. Le Népal est en Asie.
Cathy, du Népal, ramène un képi du Natal.

B

Béa**t**rice verse du **th**é à **B**rice.
La vieille b**oul**angère se s**ert**,
la vieille **Bér**angère se s**aoul**e.
« Il ne reste que de **r**ares ba**b**as ! »
râle **B**arba**r**a.
Les **b**ols de **p**runeaux sont tombés sur l'é**p**aule de **B**runo.
La môme Bé**n**é**dicte** becte* et dîne.

Benoît jamais **ne** **b**oit.
Il **s'a**gite et **bri**cole avec **Bri**gitte et **ça** colle !

Le petit **Baud**ouin joue avec un s**abot**,
le petit **bab**ouin joue avec un s**eau d'**eau.

Benjamin offre au **mage un bain**.
Bob abat le baobab.

* *Becter,* mot d'argot qui signifie « manger ».
Il vient de « becqueter » qui veut dire « manger avec son bec ».

« **Blan**dine est **clo**che ! »
disent **Clau**dine et **Blan**che.

Le méchant **Boniface bat nos fils.**

Bas**t**ien se **t**asse **b**ien.

À peine **Babar né,** il joue avec **Barnabé**
et B**a**rthél**é**my dont B**e**rthe est l'**a**mie.

Berthe a un **ren**card, Bert**rand** a un car.

La **Berna**dette court après le **c**ar, la **c**adette court après le **Bern**ard.

Le marin **Boris** a tiré **six bords**.

Jér**ôme** tient la b**arre**, Gér**ard** tient la b**ôme**.

Basile très **(z')habile** fait **la bise** près de la **balise**.

Boris se **m**arre, **M**aurice se **b**arre.

C

C**o**rinne rêve de cob**a**yes, **Ka**rine rêve de cow-b**o**ys.

Cécile a **six selles** assez **lisses**.

Elle prête **celle-ci** mais pas **les six**.

Cédric à Ann**a** : « Prête **ces dr**aps à Ann**ick** ! »

Florentin est dans le **c**oup, **C**orentin est dans le **fl**ou.

Cél**i**ne a s**i**x l**ai**nes que **Corentin teint encore**.

Cél**ine** et Victor**ia** jouent avec Cél**ia** et Victor**ine**.

C'est Mylène qui **mit ses laines** à **Célimène**
que C**a**th**y** quitt**a***.

Cynthia dit que **ça tient** à **Hyacinthe**.

Christ**ian** est à C**anne**s, Christ**iane** est à C**aen**.

Clot**air**e a vu Math**ild**e, Clot**ild**e a vu ma t**err**e,

que **racl**a **Cl**a**r**a avec **C**a**rl**a.

Ce **Const**ant **gr**ippé est un **gr**and **const**ipé.

Clotilde et **Ma**do disent que **Ma**thilde est **clo**do !

---

* Clin d'œil à Bobby Lapointe.
Bobby est tombé sur des galets, Gaby est tombé sur des bolets.

Clo**vis** est plein de **terre**,
Clo**tai**re est plein de **vices**.

Cl**ai**re est ch**aude**, Cl**aude** est ch**è**re.

Claude est **m**oche, **M**aud est **cl**oche.
Car**ol**e est f**in**e, Kar**in**e est f**oll**e.
Colette est **vi**olente,
Violette est **c**ollante.
Cette pauvre Cole**tt**e est bè**gu**e, cette pauvre collè**gu**e est bê**t**e.

Y a que **Camille qui m'aille !**

La **C**amille est **f**urieuse car la **f**amille est **c**urieuse.

Coralie colle Harry et offre un **kir à l'eau** sans **calories** : **qui l'aura** ?

Col**in** est un vieux s**a**ge, Col**as** est un vieux s**in**ge.
Clément, c'est pas le **mec lent**.
Et **Célestin, c'est un leste** !

Cyrano sort Annie et **sonne Harry**.

Christo**phe** **in**itie et Christ**in**e **off**icie.
Charl**otte** crie quand Charl**i**e cr**otte**.

La Char**lo**tte mange de la **men**the,
puis la char**man**te mange de la **lo**tte.

Chan**t**al reste en **ch**âle.
Car**m**ela, **M**ar**c** est là !

Charles a peint **l**'ar**ch**e.

D

Dagobert n'est **guère badaud**.

Que **disait Daisy**
Du gîte de **Judith**
Où **logeait Joël** ?

C'est un palais **d**ans **V**enise que **v**end **D**enise.

Les cri**s**es de Deni**s** provoquent
les cri**s** de Den**ise.**

Denis fait **dix nœuds**.

Di**di**er, un **n**ain, voulait un dî**n**er in**di**en.
Et **dîna** avec **Dany**.

Da**vid** lance une li**me** à une da**me** li**vide**.

Le **car** de Da**vid** repart **vide** de Da**kar**.

Donald est **r**oux, **R**onald est **d**oux.

Dolly joue au **Lido**.

Di**ane**, elle aime Dani**el**.

Dimitr**i** courtise Suz**on**,
dix mitr**ons** courtisent Suz**ie**.

Déborah vend **des rabots** et
des barreaux qu'elle **déroba**.

Dorothée vend **des taureaux**
à **Théodore**.

Et **Dora** vend des **radeaux**.

E

Eugène **est** jeu**ne**.
Il rêve **d'aimer Edmée**.
Yolande parle d'ét**r**ennes,
Rolande parle d'Ét**i**enne.
Eddy est plein d'**idées**.

Edgar est un **gars raide**.

Ernest habite **Rennes-Est**.
On lit ***L'Art des bises*** au **bar d'Élise**.
Élisa, prenez les **alizées**, **allez-y** !
Évariste enfile sa veste **vaste et rit**.
Él**iane** d**ans**e et l**ance** D**ian**e.

Esther a chanté **sept airs**.
Aim**é** adore le mok**a**, Emm**a** adore le moqu**er**.

La pâ**l**e **Emma** joue avec Pa**mé**la
dont **Evelyne vit le nez**.

Élisabeth hait la bêtise.
« Emma **est nulle** ! » dit Emma**nuel**.

Emmanuel est mal luné.

Quelle jolie **mélodie** que les beaux **mots d'Élie**.
Estelle est leste. **C'est elle**, sur la **sellette** !

Aude, Élie et Dolly parlent du délit d'**Élodie**.
Élodie dit « Hello ! ». Et Dolly dit « Olé ! ».

Elvi**r**e n'a pas l'ai**r** vi**l**.
Aim**ée** est hab**il**e, Ém**il**e est abb**é**.
La pieuse **Éva** dit ses « **Ave** ».

Edmond est un **démon**.

F

Florence lance fort.

« Quels beaux **bras, fils** ! » s'écrie **Fabrice.**

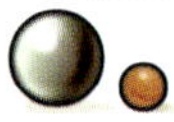

Félix les fixe.

Mais **Félicie** est **si fêlée** !

Franc**in**e est crét**ois**e, Franç**ois**e est crét**in**e.

« Vive **Ferdinand** ! » **dit Fernand** en fr**ôl**ant Fl**or**ent.

Fernand n'ira pas e**n enfer**.

Fran**ck** et Lu**ce** aiment Fran**ce** et Lu**c**.

Sois franc, François !

Franç**ois** b**ine** et Franc**ine** b**oit.**

Franci**ne** aime Régi**s**, Franci**s** aime Régi**ne**.

Fr**i**tz est v**en**dangeur,
Fr**an**tz est v**i**dangeur.

Les **f**eux de **J**eannie éclairent les **j**eux de **F**anny.

Fabi**ola** est folle de **Zen,** Fabi**enne** est folle de **Z**ola
dont **Flora raffole**.

Le frê**l**e Éric se paie des ra**d**is,
le Fré**d**éric se paie des ra**ll**yes,
aux frais d' Éric.
« Celui qui manque de fr**ic** est r**aide** ! »
dit Fr**édé**r**ic**.

G

Gilbert **attend** le gitan **Albert**, un gentil gitan.
Germaine habite à Cannes, Carmen habite à Gênes.
Gaëlle aime **les gars** d'humeur **égale**.

Garance se conduit **en garce**.
Grâce aussi est **garce**.

« Ah ! », Germain, amer, geint.
Le gros juge sort, le gros Georges sue.

D'où vient ce mal de **gorge au juste**,
Georges-Auguste ?

Gilles est député, Jules est dépité.
En criant : « **J'ai** froid, pote ! ", Geoffroy pète.
Le père Grégoire est poire, grégaire !

Gaspard passe : gare !

Gaston **part** quand Gaspard **tond**.
Gédéon taille les joncs des **haies**.
Voici où **gîte** la jolie **gazelle** que **gâte** la jolie **Gisèle**.

On aime **tes galas, Galathée**,
Et **ton grand Gontran**.

Gaétan a tes gants.

La Ginette a bu une carafe,
la girafe a bu une canette.

« Le **Byrrh gèle** ! », prévient **Gilbert**.
Godefroy a mangé **deux gros foies**.
Et **Gladys, dix glaces**.

H

Vous **verrez, Hervé est vert**…

« **Héloïse, lisez haut** ! »
Héloïse n'est pas **isolée**.

Elle **ose et lit** ce que **lit Zoé** : « **Ohé, Lise** ! »
Horace connaît **Ulysse**, **Alice** connaît **Horus***.
Hilaire cherche à se faire **élire.**
Henriette est entière.
Le père du chérubin goûte le pain du cher Hubert.
Hubert aime la morale, Albert aime la morue.
Hubert fait des **rébus**.
Les hôtes d'**Hector hoquetèrent**.
Hugues aime **Paulette**, **Huguette** aime **Paul**.

Tu **t'en sors,** **Hortense** avec tes **centaures** que tu **rosses tant** ?

Luce avec Herbert prend l'**air** avec Airbus.
Cet **Henri-là** est **hilarant** et très fort **en rallye**.
Comment **y pilote** parmi les **pilotis**, **Hippolyte** !

I

Ivan a **envie** qu'**Irma** se **marie**.
Ose y dire, Isidore !
Isabeau s'intéresse **aux habits**.

On entend **Irène hennir**.

Isabelle balisait !
Iris revient de **Syrie**.
Iuna** est la petite sœur de **Yannou**.
Ignace **a** l'**air** d'aimer Agnès hilare.

---

* Horus est un dieu de l'Égypte ancienne.
**Iuna, prénom celte, se prononce « *Youna* ». Yannou est le diminutif de Yann.

J

Le prof de **N**îmes, **J**ules, est un prof de **g**ym **n**ul.

Jules fait de la **luge**.
Les m**im**es de J**ul**es font rire les m**ul**es de J**im**.

« **J**eannette est **n**ulle ! » disent **N**anette et **J**ules.
Ja**c**queline veut un p**os**te, J**oc**elyne veut un pa**ct**e.
Jocelyne dort dans **ce lit jaune.**
Le p**ull** de **J**ac**q**ues est dans le pa**ck** de J**ul**es.

Il est **magique**,
l'a**mi Jacques**.

Juli**ett**e p**eint** et Juli**en** p**èt**e.
J**é**zabel j**a**se et b**ê**le.
Jacinthe bou**ill**ait
dès que **Hy**acinthe bou**ge**ait.
Jos**ett**e est a**ff**airée, Jose**ph** est a**tt**erré.
Qui aurait cru, un jour,
que **Jérémie gémirait** ?

Le beau Jo**ël** adore le beaujo**lais**.

Le **t**endre **J**ojo a un **g**endre : **T**oto*.
Jean p**or**te une pi**err**e et Jean-Pi**err**e, une p**or**te.

On voit des maillots **jaunes en tas**,
et Jonathan étonna **Jean et Jeanne autant** :
il était rare que **Jonathan**
nage autant.

* Cette contrepèterie présente une petite anomalie :
les ***j*** et les ***t*** dédoublés dans ***J****o**j**o* et ***T****o**t**o* ne comptent qu'une fois.

K

Les manies de Karim
agacent les mamies de Karine.
On voit Karim qui rame.

Karl tire à **l'arc.**
Karine a un bon chorizo*
et Corinne a un bon coryza.

« Karine a volé ! » crie
Carole avinée.
Et **Karine ricane.**

* On prononce : « Korizo ».

L

Lé**a** joue avec Mari**on**, Lé**on** joue avec Mari**a** et La**z**a**re** la **r**a**se**.

Léo**nard** mange des épis, Léo mange des épi**nard**s.
Lu**c**ien **j**oue avec **J**u**l**ien **s**aoul.

Louis trop méch**an**t trouve le méch**oui** trop **l**e**n**t.
Louis**on** rép**è**te, Louis**ette** rép**ond**.

Léocadie a les dicos : elle **lit au cadet** ce que **l'écho a dit**.

Et L**a**ri**s**sa **li**r**a** ça :
« Je ne savais pas que vous **tissiez là**, **Laetitia** ! »

Léa lit à **Leïla** dont le **lit est là** : « Il est **là, Élie**, et il est **laid, Ali** ! »
Lu**c**e**tt**e est à Lut**è**ce.

Lucie montra **l'issue** à **Sully** mais pas à **Ulysse**.
Et **Lucifer** laissa **faire Lucie**.

Li**n**e est avi**s**ée que Li**s**e est avi**n**ée,
et **Lionel** a bu toutes **les gnôles**.

La bi**l**e de Lucie a cou**l**é
sur l'habit de Luci**l**e.

À **m**idi en plein so**l**eil
on voit **L**ydie en plein so**mm**eil.

Luci**enne** est **n**ue, ciel !

« **C**i**e**l ! Lu**b**in ! » **b**êle Luc**ie**n.
Lo**rraine** p**ense** que Lau**rence** p**eine**
et Lau**rette** p**ense** que Lau**rence** p**è**te.
Lau**r**e dî**n**e pendant que **L**ine d**ort.**
On a vu Jean **L**am**b**ert jam**b**es en **l**'air.
Lisa est à l'**asile**.
Lisa joue « ***Jalousie**** ».

Léo**n**ard **p**eint un léo**p**ard **n**ain.

Et dans les f**io**les de Luc**i**le
brillent des f**i**les de luc**io**les.

* *Jalousie* est un célèbre tango argentin.

M

Mourad est plein **d'amour**.
Michaël, **quel ami** !

Ma**n**on aime les petits **ri**ens,
Ma**ri**on aime les petits **n**ains.

Mélissa aime Alice.

La chienne de **Micheline**
rêve de **mille niches**.

Manoline trouve **Nina molle**.
Son **p**ère, **M**artial, trouve sa **m**ère **p**artiale.
Macha n'est pas **s**inistre et **S**acha n'est pas **m**inistre.
Martin se lave les **mains tard**.

Marie **mu**git,
Ma**mi**e **ru**git.

Max**im**e l**ance** et Max**ence** l**ime**.
Muriel est une **lumière** que **ranima Marina**.

Marianne aime les harengs,
Ariane aime les **m**arrants.

La **ch**ère **M**aud aime les **m**ers **ch**audes.
Margot et **K**arine parlent **c**argos et **m**arine.

Marjorie a un **jars miraud**.

Vieux matelot, Mathieu veut l'eau.
Mathieu fait des nasses et Mathias fait des nœuds
et Médard démarre.

« Elle vend du **lin, ma sœur.** » dit **Marcelin.**
« Et **Madeleine** s'occupe **de ma** laine. »
Même ado, Mohammed aima Maud.
« Ah !, la moche clarinette ! » crie la cloche Marinette.
Marlène sait où **l'art mène.**
Mazarine rase à Nîmes.
Marlène attire Martine à l'air.
Adèle et Monique savent que Annick est modèle.

L'habile Modeste séduit la belle modiste :
« Vos **rires me gâtent, Marguerite** ! »

Marielle court après les bus,
Marius court après les belles.

La panne de Marielle a suscité l'appel de Marianne
que capte l'admirable oreille de l'adorable Mireille.

Morgane fuit les **gars mornes.**
Maryline rit, maline.

Mélanie, la **mine hâlée** veut **mille années** pour **Mélina,**
que **mène Ali** sans **la miner,** car **Mélanie** craint **l'anémie.**
Le **Milanais** qui **l'animait** a **les manies** de **Mélanie.**

Mercédès sert des messes, Marcel les **sert mal.**

La boulangère **Michèle** sert **les miches.**

Madelon sert tout ce **monde-là.**

N

Noé a mal **au nez**.

Nadia cache **Diana**.

Nicolas garde sa **canne au lit**.

Nicole grimpe sur la **colline**.

On a vu Al**ine** et Nad**ège** all**ége**r Nad**ine**.

« **T'en as, Nathan** ? »

« Soigne tes **nerfs, sotte** ! »,
crie **Nestor**.
Et il marmonne un Pater **Noster**.

Nicéphore boit sa **fine et sort**.

Nadine cherche en vain des **nids d'ânes**.

Il est une dette que jamais **n'acquitta Nikita**.
Ni Cathy.

Les recherches se **bornèrent** à **Norbert**

Ma Nelly, aimes-tu **Mélina** ?

Nelly joue avec **Lenny**.

Le **chat** de Natha**lie**
est sur le **lit** de Nata**cha.**

Noémie parle
au minet.

Voici les œufs que
Noémie met au nid.

Une **sau**cisse de Ber**nard**
est tombée
dans le ber**ceau**
de **Nar**cisse !

O

Olga fait du **galop**.

Olivier prend un **veau lié**.

« **Au s'cours, Papa** ! »
crie le **Papou Oscar**.
(**Oscar** est tombé d'un **carrosse**)

Onésime fait une **mine osée**.
Oreste n'est pas **austère** : il a un bon **resto**.

Odile aime
les croque-**monsieur**,
monsieur aime
les croc**odiles**.

Omar est **à Rome** où il bûche **à mort**
Ah !, le **joli logis** de l'**id**ole d'**O**dile !

Octave a vidé sa **cave tôt**.
Annette répare ses **cod**es, **Od**ette répare ses **cann**es.

Od**ett**e a **pil**é lorsqu'Od**il**e a **p**été.

Et **Ophélie fait au lit**.

P

Philippe lit *Pif*.

Perrine, **L**aure et **L**ine **pér**orent.

Paul, ascète, offre une **salopette**
à **sa Paulette** que la **sole épate** : la **sotte est pâle.**
Pauline est sous le **pylone**.

Pan**cr**ace, qui a du **cr**an, **p**asse.
Paméla met l'appât :
« **Philémon**, t'as **mon filet** ? »

Paulette **vi**ent quand **Vi**olette **p**eint.

« Pa**s**cal ! » cria **O**mar… « Pas **mal** ! » cria **O**scar.

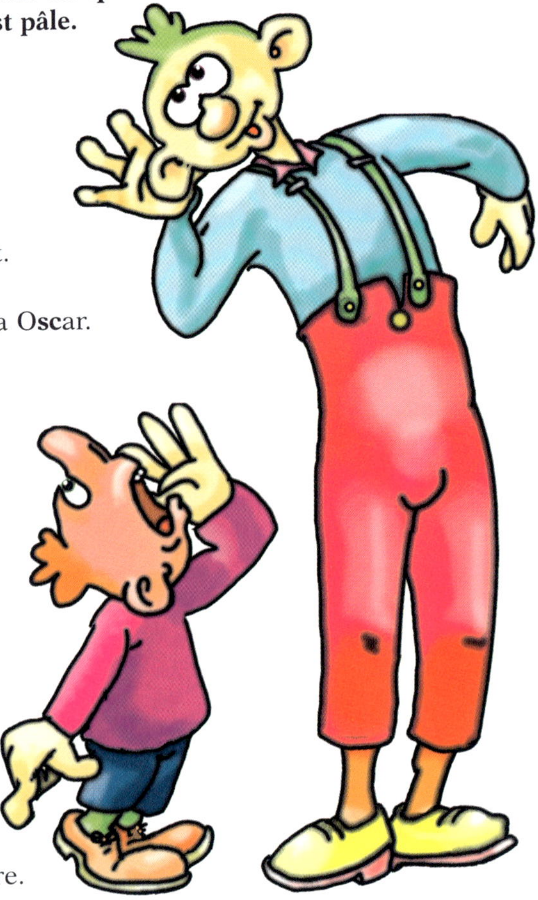

La cruelle reine **Pétronille trône et pille**.
Séverine est la **vice reine**.
Pélagie tourne la **page et lit** :
« **J'ai pâli** ! »
Pourquoi **es-tu pâle**,
toi aussi, **Pétula** ?

Philibert fit les Byrrh.
Paulette abreuva **les potes.**
« Soigne **ta pépie, Pépita** ! »
Les **cl**és de **Pi**erre tombè-
rent sur les **pi**eds de **Cl**aire.

Patri**ce** est un peu **c**ourt,
Patri**ck** est un peu **s**ourd.

Il a poussé son **riv**al **P**ierre
dans la **p**âle **riv**ière.

Pier**r**e ne manqua pas de **b**o**l**,
Pau**l** ne manqua pas de **b**iè**r**e.

« Quel **faune, Émile** et quel **fol hymen** ! »
cria **Philomène**.

Q

Quentin veut **un tank**
et il n'en a**ttend qu'un**,
ça n'aura **qu'un temps**.

R

Raphaëlle a un **phar**e à elle.

Raoul revient de l'**Oural**
avec **Guy, Robert** et **Rigobert**.

Au carnaval, **Rachid** a vu passer **dix chars**.
« Tu viens au **bal, Rachid** ? » demande **Archibald**.

On a vu la Ros**ett**e b**oir**e dans l'arros**oir** b**êt**e.

Roland boit avec **Laurent** et **rend l'eau**.

Roger est-il bien a**llant**, Ro**land** est-il bien â**gé** ?

Non : Ro**land** est ga**min** et Ro**main** est ga**lant**.

La **b**alle de Ro**m**ain est tombée dans la **m**alle de Ro**b**in.

Robin aime **Rimbaud** et le **beau Rhin**.

René fait des pots, Renaud fait des pets.

Renaud paye en **(n')euros**.

Renaud est inepte, penaud et inerte.

Pendant que Rosa**monde** refait le **lit**, Rosa**lie** refait le **monde**.

On voit **Rémy rimer** et se **mirer** dans la **mairie** près d'un **émir**.

Rémy rêve de donjons, Raymond rêve de Dijon.

Les **fusées** de **Raymond** ont **raison** de **fumer**.

La mère de Robin demande la main de Robert.

Rébecca trouve l'abbé **carré**.

Régis a une bonne, Régine a une bosse.

L'ami de Régine suit le régime d'Annie.

Le **nain Roméo** tord le **nez au Romain**.

(Ce **nain marié** est un **Arménien** mais pas un **marin niais**.)

Ce fou de **Richard** voit des **rats riches** et entend le **chat rire**.

Rose est fine et cajole Joséphine et Carole.

La **lance** de **Robert** pique la **rosse** de **Lambert**.

S

Sylvie est bien **civile**.

Salomé, assez molle, dit des **mots salés**.
Mais faut pas **l'assommer** !

Salomon n'est pas **mollasson**.
C'est comme une **certaine Sterenn***.

Voici **Samuel et sa mule**.
Séraphin est **fin, racé**.

Sylve**str**e dessine un **â**ne, Sylva**i**ne dessine un **a**stre.

Sy**d**ney dessine comme **D**isney.

Sam**son** est sans cale**pin**, sans **pain** et sans cale**çon**.

Sylv**ie** aime les **pein**tres, Sylv**ain** aime les p**i**tres.
Solè**ne** habite **l'Esso**nne.
Stéphanie a quitté **Festina**.
Le **r**âteau de Sy**b**ille est dans le **b**ateau de **C**yrille.

San**dr**ine aime bien ce brave **abbé**, Sa**b**ine aime bien ce brave **André**.
On entend sa b**o**nne di**r**e que Sab**i**ne d**o**rt.
Il ne faut pas que l'on **bannisse Sacha** que **Sabine chassa**.

Sa**ch**a accou**r**t dès que Sa**r**ah accou**ch**e.
Ce **Serge** est un vrai **chérubin**, ce **cher Hubert** est un vrai **singe**.
Le Se**r**ge se tape un petit v**in**, le s**in**ge se tape un petit v**e**rre.
Sidonie dîne aussi.
Sébastien lave **bien ses tasses**.
« Quelle **gosse, Hélène** ! » dit **Segolène**.
« J'veux cette **ceinture, na** ! » crie **Saturnin**.
« Qu'est-ce qu'y **fait, c't'âne** ? » crie **Stéphane**.

Sélim aime la **mélisse** mais pas les **missels** que **Jo lance** à **Solange**.

La fermière **Sophie** a **six faux** à l'**office**.
Simon joue bien **son mi**.
Solan**ge** est san**s** lo**ge**.

* Prénom breton.

T

Toto aime les **hauts totems.**

Toto m'a piqué **ta moto tôt, Thomas** !
Otto **t**rotte et **T**oto rote.
T'es fine, Tiphaine.
Thierry est héritier.
Tommy, Léon, voici **Timoléon.**

Thérèse, chante-nous **tes airs.**
Thérèse, **sens**ible,
en a chanté **cent s**eize **terr**ibles.

Pendant que Théo**phil**e **dor**t, Théo**dor**e **fil**e.
(On a vu **Théophile filer tôt.**)
Théod**or**e l'ad**ul**e et Théod**ul**e l'ad**or**e.

U

Urbain sculpte avec un **burin.**

Voici ce qu'**Ulla a lu** :
Ulla lut « hulula » à Lulu.

Ursule mange des **russules.**

V

Le **cerf de Vincent** boit du **vin de Sancerre**.

Valentin vante Alain dont le **talent vint**.

Vincent fait du **cent vingt** dans un **van sain**.

Voici **Vé**ronique sur un **î**lot, **i**ronique sur un **vé**lo.

« Va-**t**'en, **L**ine ! » crie Valen**t**ine.

Ma Véronique verra Monique.

« Prends un **verre, Ali** ! » dit **Valérie, rivée là**.

« Tu es pleine de **sève, Anna** ! »

dit **Vanessa** qui a mal **à sa veine**.

Les porcs de Victoire ont mangé les poires de Victor.

« T'as des tics, vaurien ! » hurle Victorien.
La lente Viviane croit la liane vivante.

W

« Joues-tu au **golf, Wang*** ? »
demande **Wolfgang.**
Tu **lis, oui, Willy** ?
Wanda va dans sa maison **d'avant.**

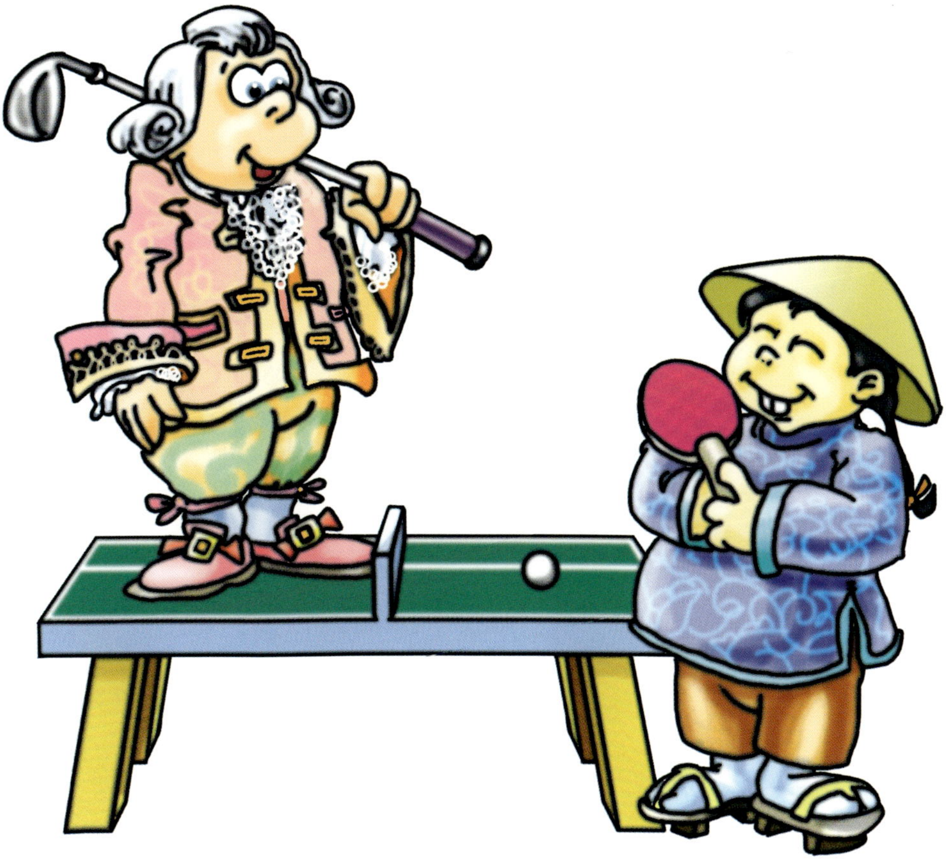

* Ici, *Wang* se prononce « Vangue » et *Wanda* se prononce « Vanda ».

X

« J'ai lu ***Bavière d'exil*** »,
ânonne **Xavière, débile**.

Y

Évite Yvette : Yve**tt**e n'est pas b**onne**,
Yv**onne** n'est pas b**ê**te.

Ève et Gu**y** voient que **Y**ves est g**ai**.

« J'aime **Yasmina** ! » dit **Yann à Sim**.

Yann et la be**ll**e
regardent **l'**âne
et l'abe**ille**.

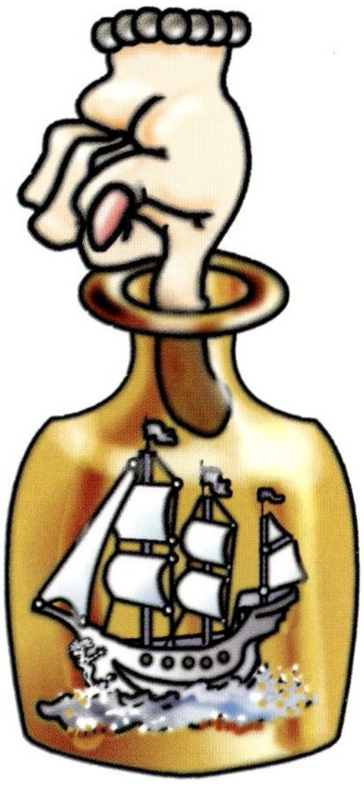

Mais voilà **J**eanne qui ra**ill**e **Y**ann qui ra**g**e !
Quelle **binette, Yannick**, qui n'a **ni bêtes, ni yacks**.

Yolande est dans le ci**r**age,
Rolande est dans le si**ll**age.

Le doigt **d'Yolande**
baigne **dans l'iode**.

Z

Le Zéphyrin fit le raisin.

Zacharie raille Rika Zaraï.
Zébulon rêve de **longs zébus**
et de **bonzes élus**.
Zazie joue avec un **Pap**ou,
Papy joue avec un **zaz**ou.

Zo**é** voit le bo**a**
du zo**o** b**é**at.

Zinédine va chez De**nise et dîne.**

À QUELLE PAGE EST TON PRÉNOM ?

Si tu n'es pas dans le livre, c'est que j'ai bêtement oublié ton prénom. Ou que je l'ai trouvé trop difficile pour faire des contrepèteries. Sois plus malin(e) que moi et trouves-en quand même. J'en serai ravi ! Ou encore, tu t'appelles Anne-Sophie ou Jean-René. C'est comme deux prénoms simples. Tu es alors deux fois dans le livre. Il peut aussi t'arriver d'avoir le même prénom qu'une fille ou qu'un garçon, à l'orthographe près : par exemple, Michèle, Michelle et Michel se prononcent pareil, et font les mêmes contrepèteries. Tu es donc quand même dans le livre ! Et merci à tous mes petits amis des écoles et à Rémy qui en ont trouvé de très jolies.

Joël

A

B

C